1878

—

L'EXPOSITION

—

NOTES ET SOUVENIRS.

—

1878

L'EXPOSITION

NOTES ET SOUVENIRS

PAR

Ernest DELLOYE

((B. DE MARCQ).

Laudate Dominum omnes gentes.

PARIS

EDOUARD BALTENWECK, Éditeur.

7, RUE HONORÉ-CHEVALIER, 7.

1878.

CAMBRAI. IMP. Ve CARION ET Ce, RUE DE NOYON, 9.

. . . .

Quelques affaires m'attirèrent dernièrement à Paris.

J'en profitai pour visiter le bazar Krantz.

Au fond c'est beau. Ce n'est point grandiose, ce n'est point solennel, ce n'est point artistique ; mais, je le répète, c'est beau.

Je dirai plus, c'est réussi — sauf le palais du Trocadéro. Car que faire d'autre qu'un bazar, étant données semblables dimensions ?

Me promenant à travers ces amoncellements de produits et de curiosités, selon mon habitude j'ai pris quelques notes.

Si ces notes peuvent plaire à mes lecteurs, les voici.

Je les transcris, telles qu'elles ont été écrites, au hasard de la course à travers les longues galeries du Champ-de-Mars, sans ordre, sans règle.

. . . .

Ernest DELLOYE.

Cambrai, le 26 Octobre 1878.

I

JOURNÉE DU 10 OCTOBRE

MINISTÈRE DE L'INTÉRIEUR. — VITRAUX. — AMBULANCES. — LES CLOCHES. — COLONIES NÉERLANDAISES.

Sit nomen Domini benedictum.

I

JOURNÉE DU 10 OCTOBRE

Sit nomen Domini benedictum.

J'entre par la porte dite « de l'Ecole militaire. »

Tout auprès se trouve le *Pavillon du Ministère de l'Intérieur* : — beaucoup de choses, beaucoup de riens. Le public s'arrête devant le plan en relief de la Préfecture de Lille, gros bâtiment qui semble s'être enfoncé en terre, cédant sous son propre poids.

Comme décoration, tout à l'entour, sur la corniche, ont été peintes les armes des principales villes de France. Il y en a trente-sept. De ces trente-sept, vingt-et-une portent des fleurs de Lys.

L'Empire remplaçait les fleurs de Lys par des abeilles. C'était habile. De loin, un peu de myopie aidant, cela produisait quasi le même effet. La République n'a point encore trouvé de petites bêtes qui la puissent symboliser.

— Qu'elle prenne des bousiers (1), dit un de mes compagnons.

La maison Lorin a une magnifique exposition de *Vitraux*.

---

(1) BOUSIERS : du genre *Scarabæus*, de Linné, des *Coprophages*, c. a. d. mangeurs d'excréments. Insectes à corps toujours épais ; quelques-uns sont ornés de couleurs brillantes et riches. On en connaît un grand nombre d'espèces surtout exotiques. Les Bousiers font leur séjour ordinaire dans le fumier.

(*Dictionnaire général des Sciences*, par Privat-Deschanel).

Ce n'est pas elle, toutefois, dit-on, qui recevra la première médaille de sa section. Il y a là-dessous, paraît-il, outre l'obstacle clérical, un obstacle matrimonial. Pourquoi, aussi, M. Lorin n'épouse-t-il point une nièce de républicain influent ?... Enfin ! que voulez-vous ? On ne songe pas à tout.

Parmi ces vitraux j'en note qui ont été exécutés pour des églises de Jérusalem, de New-York, de Vienne, de Rome, de Saïgon : « *Pour la cathédrale de Saïgon,* » dit la pancarte. Quelques-uns sont des copies d'originaux qui datent du XIIIe siècle, du XVe, du XVIe.

Le catholicisme est de tous les temps et de tous les lieux. Notre *Credo,* à nous Français, est le *Credo* des Américains, des Asiatiques, de tous les peuples de l'univers. C'est le *Credo* des apôtres, récité il y a dix-huit cents ans par les premiers chrétiens : — *Credo* qui n'était lui-même que la confirmation détaillée du premier *Credo* donné à Adam, lorsque l'aurore du monde naissait obéissant aux ordres de la volonté créatrice : *Ego sum qui sum, Deus tuus.*

— Tout cela est à casser, dit à haute voix un homme placé derrière nous.

— Et pourquoi donc ?

— Parce que tout cela est du cléricalisme.

Tas d'imbéciles, va !

❧

Pavillon des Ambulances de la guerre. — Des lits, des civières, des instruments de chirurgie, des voitures d'ambulances, des béquilles, etc....

Au milieu de cet ensemble qui réveille dans les cœurs de tristes souvenirs, et à la première place, s'élève un autel surmonté d'une croix. Sur l'autel, le calice est préparé pour le sacrifice. Les ornements sacerdotaux n'ont pas été oubliés : tout est là.

Notre gambettiste R. F. a beau vouloir et beau faire, l'esprit public lui force la main. Elle, qui veut anéantir le cléricalisme que ses chefs déclarent « *l'ennemi* », la voilà qui d'instinct installe cette religion au poste d'honneur.

Où donc, d'ailleurs, pourrait-on mettre ces choses ? Il faut que cela soit au milieu ; ce n'est point un détail que l'on puisse reléguer en un coin.

Ah ! il faudra longtemps encore avant que l'on ait pu déchristianiser et la France, et l'Europe, et le monde. Un front baptisé ne se débaptise pas ainsi, et l'eau du sacrement une fois versée ne sèche point avec une telle facilité qu'il suffise, pour la faire disparaître, du ′souffle de quelques enragés.

Les Cloches. — Quelques-unes sont de taille respectable. La plus forte d'entre elles, notamment, destinée à Fécamp, attire les regards.

Toutes portent, écrits sur leurs flancs de bronze, ces mots :

Sit nomen Domini benedictum.

Mais, dans cette enceinte, elles disent cela tout bas, n'osant lancer dans les airs leurs notes retentissantes.

— On ne les sonne point ? demandai-je à un gardien.

— Oh ! non, Monsieur, cela ferait trop de bruit.

En effet. Les voix sacerdotales ont besoin de plus vastes espaces pour éclater. Et ces pauvres cloches, suspendues ainsi à trois pieds de terre, semblent des aigles vaincus et enchaînés auxquels une main barbare aurait coupé les ailes et qui ne pourraient plus prendre leur essor.

Nous entrons dans l'intérieur même du palais.

Voici l'exposition des *Colonies Néerlandaises* : du sucre, des bambous, des fruits exotiques, plus une collection d'idoles.
Elles m'amusent toujours ces idoles. Pau-

vre nature humaine, lorsqu'elle s'éloigne de Dieu pour tomber dans le diable !

Le culte de l'erreur dans l'âme engendre le culte du laid dans le corps.

Le laid est l'erreur physique, comme l'erreur est la laideur morale.

L'âme déformée déforme le corps.

Dieu est la beauté infinie : Satan est la laideur indéfinie.

Le catholicisme, adoration de Dieu, élève la beauté intellectuelle à sa plus haute puissance et la beauté physique à la plus haute puissance permise après la chute originelle.

Le paganisme, adoration de Satan, abaisse le corps et l'âme au niveau de la brute : et c'est d'instinct que le ciseau de ses artistes taille à ses idoles des têtes de bêtes.

Dans le *Transept du côté sud*, mille petites industries se sont installées.

On fabrique là et l'on vend, des épingles, des boutons de manchettes, des porte-plumes, le tout orné de vues de l'Exposition.

Un marchand tisse et débite des cravates avec sujets.

Quels sujets ? — Thiers, et Gambetta, portraiturés.

M. Thiers a tout fait pour mériter ce compagnonnage. La France fait tout pour mériter cet affront.

La France de Charlemagne et de Saint Louis devenue la concubine de ce malheureux !

Avez-vous déjà bien examiné sa tête, à cet homme ? Mélange d'impudeur et d'impudence ; type de blagueur éhonté et de repu, de peureux jouant à la forfanterie, de gavroche toujours disposé à faire sur la France le geste du gamin de Paris sur l'honnête homme qu'il a trompé ; roi de cafés borgnes ; héros, non pas même de boulevards, mais de barrières !

Et on le vend, pour que les acheteurs se le mettent au cou !

Ah ! certes, oui, la France l'a bel et bien au col ! et non pas gratis : — deux cent cinquante millions, même pris sur les cinq milliards, sont un joli denier.

II

JOURNÉE DU 10 OCTOBRE

(Suite).

MACHINES. — MACHINES D'IMPRIMERIE. — M. ABOUT. — CHARLEMAGNE. — LES GOBELINS. — LES DIAMANTS DE LA COURONNE. — LE PRINCE DE GALLES. — CINQ MILLIARDS.

Carolus Magnus, Francorum rex,
Romanæ ecclesiæ ensis clypeusque.

II

JOURNÉE DU 10 OCTOBRE

(Suite).

MACHINES. — MACHINES D'IMPRIMERIE. — M. ABOUT. — CHARLEMAGNE. — LES GOBELINS. — LES DIAMANTS DE LA COURONNE. — LE PRINCE DE GALLES. — CINQ MILLIARDS.

> *Carolus Magnus, Francorum rex,*
> *Romanæ ecclesiæ ensis clypeusque.*

Nous entrons dans la *Galerie des machines.*

Je l'avoue, ceci n'est guère mon affaire. Peut-être est-ce un tort chez moi; mais, que voulez-vous ? on ne se refait pas.

Il y a là-dedans beaucoup de bruit, énormément de bruit.

Tout proche de nous, dans une salle voisine, un artiste touche l'orgue exposé par la maison Merklin.

Le bruit de l'orgue, c'est le bruit de l'âme.

Le bruit de la machine, c'est le bruit de la matière.

L'un et l'autre bruit sont nécessaires en ce monde ; mais il ne faut point que le second écrase le premier.

La matière doit céder le pas à l'âme, et il est des heures où le bruit de l'âme doit seul se faire entendre.

Ceci soit dit, au reste, dans l'intérêt même de la matière.

Un gosier qui toujours crie à la fin s'enroue.

Une roue qui toujours tourne à la fin se brise.

Voici les *Machines d'imprimerie.*

Sur l'une je lis :

VENDUE DEUX FOIS

A

Monsieur Edmond About

POUR LE TIRAGE DU

JOURNAL LE XIXe SIÈCLE

44,000 fr.

Voilà 88,000 fr. bien employés !

En face de la machine About — ne point écrire à *boue*, s. v. p. — une autre presse fonctionne ; c'est celle du *Petit-Journal.*

M. de Girardin fait distribuer ses feuilles à qui veut en prendre ; et c'est gratis. Vu le prix, je m'en paye deux exemplaires.

A côté de moi un agent de police, dédaignant la gratuité de l'homme à l'idée quotidienne, lit le *Rappel* qu'il a acheté 0,15 centimes.

Beau gouvernement que celui dont les re-

présentants osent en public prendre ces pos-
tures indécentes ! Est-ce que M. de Marcère
croirait, par hasard, pouvoir compter sur un
homme qui se donne du Vacquerie ? Allons
donc ! Tout cela est du communard, et rien
d'autre.

Et ce ne sont point ces gens-là, certes,
qui auront l'honnêteté de servir de cibles
aux francs-tireurs de la rue Haxo. Bien plutôt se trouveront-ils parmi les exécutants
contre les exécutés. Un opinant du *Rappel*
ne saurait être qu'à tourne-dos du devoir
et de l'honnêteté.

A l'extrémité de cette galerie on retrouve
les Arts, dans le *Transept Nord.*

Statue équestre de Charlemagne. — Ce
Charlemagne est un grand et noble morceau.

Nous le connaissions déjà. Le modèle en
avait paru à l'une des dernières expositions,
si nous ne faisons erreur.

Le grand empereur d'une main tient le sceptre, de l'autre le globe du monde. Deux guerriers francs armés sont debout à ses côtés.

L'ensemble est d'un style sévère et magnifique qui rend bien le caractère de l'homme. On y sent ce quelque chose de grandiose propre à ce grand nom en lequel l'antique civilisation chrétienne s'était incarnée (1).

Lorsque la R. F. aura un président de cette taille à nous exhiber !.... l'Europe alors pourra la traiter moins sous la jambe. Mais nous sommes à une époque où la Providence ne semble plus travailler dans ce bois. Les forêts humaines, d'ailleurs, gardent-elles encore, dans leurs profondeurs, des chênes capables de fournir pareils blocs ?

---

(1) Nous sommes heureux d'apprendre que le gouvernement est dans l'intention d'acheter cette statue et d'en orner une des places de Paris.

A moins que les intelligents républicains de la Chambre ne s'y opposent.

Car le renom de républicanisme de Charlemagne est plus que médiocre.

Ce guerrier, fils soumis de Rome, s'était mesuré aux dimensions de la Croix. De ses mains étendues il avait rêvé saisir le monde, pour le donner à l'Eglise. Peut-être Dieu ne voulut-il point que le pouvoir de la force volât ce triomphe au pouvoir de l'amour.

Les Gobelins.

Hors ligne.

Quoi de plus beau que ce « Saint-Jérôme » du Corrège ? Quoi de plus délicieux que cette « Visitation » de Ghirlandajo ?

Les originaux eux-mêmes valent-ils ces copies tissées par un prodige de patience et d'adresse ?

Le public — en ceci nous sommes peu du public — donne une bonne partie de son admiration à un tapis commandé jadis par Napoléon III pour le palais de Fontainebleau. Les aigles impériales y sont, non moins fières et non moins menaçantes que si la maison leur appartenait encore.

Voilà pourtant ce que c'est que la France. On commence dans le blanc, on passe par le bleu, pour finir dans le rouge ; le tout en moins d'un demi-siècle.

C'est l'histoire, au reste, de tous nos monuments publics :

> Gendarmerie   roy — ale.
> .   .   .   .   . impéri — ...
> .   .   .   . . nation — ...

Il est triste de constater combien grande est l'importance des coups de badigeon dans notre politique courante.

Les Diamants de la Couronne. — Ici la foule se tasse ; il faut faire queue. Mais « la Couronne » a pris ses précautions : double enceinte, double barrière, deux employés du trésor, deux soldats de la garde républicaine, deux gendarmes, plus les yeux extérieurs qui veillent sur les mains des curieux.

La plus belle pièce est un diadème, n'en déplaise au *Régent* lui-même.

Ce diadème fut porté par l'impératrice Eugénie.

Madame de Mac-Mahon, en femme d'esprit, ne trouva pas qu'il fît suffisamment partie de ses bibelots pour s'en pouvoir servir.

La femme à Gambetta aura moins de scrupules. En Thérésa non-bégueule et éduquée selon le vrai goût du jour, elle s'en coiffera le chef, très crânement.

Sur la vitrine qui garde ces richesses, Krantz a fait écrire :

Diamants et Pierres précieuses

APPARTENANT A L'ÉTAT.

L'Etat ! Ce grand pressoir anonyme et irresponsable, qui peut commettre et faire commettre toutes les fautes sans qu'aucun châtiment le menace, fantôme privé d'âme

et de conscience, qui disparaît lorsqu'il a
agi, s'éclipsant devant les conséquences, mal-
honnête et hargneux comme sont les gens
qui donnent des ordres de derrière la cou-
lisse !...

— Et lorsque l'Etat sera Monsieur Gambetta ?

Pourvu qu'il ne perde point alors le *Régent* comme jadis il perdait sa canne, en
adversaire convaincu de « l'ordre moral. »

Au fond ces « diamants *de la Couronne* »
attendent *quelqu'un ayant couronne* ; c'est
le plus clair de la chose.

Collection indienne du prince de Galles :
une des curiosités les plus courues de l'Exposition.

Après tout ces demi-sauvages des Indes
ne sont point si bêtes. N'ayant pas encore
chez eux l'exagération de « la machine », ils
travaillent plus des mains et atteignent dans

leurs ouvrages un fini supérieur à celui de nos objets de camelote. Quel outil, mû par la vapeur, saurait travailler l'or et l'ivoire, comme nous les voyons ciselés, sculptés, fouillés, sur ces poignées de cimeterres, sur ces crosses de fusils, sur ces coffrets destinés aux parfums.

Le futur Roi d'Angleterre a reçu ces merveilles des rajats de son Empire Indien.

C'est un bon homme, dit-on, que ce prince ; trop bon homme, même ; trop amant des plaisirs et des sociétés de *Figaro*. Il joue au bourgeois sans façon. C'est un vilain jeu pour un roi. Les rois, aujourd'hui plus que jamais, ont grand besoin de donner à leur propre dignité tout le respect qu'elle réclame, afin qu'eux-mêmes puissent réclamer de ceux auxquels ils commandent l'obéissance respectueuse à laquelle cette dignité leur donne droit.

Le temps des Majestés à parapluies est passé. Nous sommes à une heure où les couronnes n'ont point de trop de tout leur éclat. Des ennemis astucieux et habiles s'essayent

suffisamment à les ternir pour qu'elles ne
se ternissent point elles-mêmes.

Nous rencontrons un groupe de paysans
en costume béarnais : culottes et habits de
velours, bérets rouges.

Le chemin de fer a tué le costume. Jusqu'en Italie on trouve maintenant la blouse
bleue. Tout est « *à la mode de Paris.* » A
Londres comme à Rome c'est là l'unique
affiche de réclame des « magasins de nou-
veautés. » Il n'y a ni mode de Berlin, ni
mode de Madrid ; et en ce point nous avons
toujours la palme.

Il serait bon de l'avoir encore en quelques autres articles : tels que l'article-gloire,
par exemple, l'article-honneur, l'article-gou-
vernement, l'article-armée.

L'exposition de *l'Australie* nous montre

une pièce assez curieuse. C'est une immense pyramide en cuivre jaune sur laquelle se lit cette notice :

PYRAMIDE

REPRÉSENTANT

LE VOLUME EXACT

DE L'OR

TROUVÉ DANS LA COLONIE

DE VICTORIA (AUSTRALIE)

DEPUIS LE 1er AOUT 1851, JUSQU'AU 31 DÉCEMBRE 1877.

Valeur : CINQ MILLIARDS.

Valeur : *Cinq milliards* ; c'est-à-dire la rançon payée par la France à la Prusse en 1871.

Donc, les trois cinquièmes de ce morceau d'or valent... M. Gambetta (1).

Un homme qui ne vaut rien valoir tant que cela !...

---

(1) Les premières propositions de paix faites à M· Thiers demandaient *deux* milliards et l'Alsace. Ce sont les folies de la « guerre à outrance » de M. Gambetta qui ont fait ajouter *trois* milliards et la Lorraine

III

JOURNÉE DU 11 OCTOBRE

GALERIE DES BEAUX-ARTS. — STATUE DE LA
RÉPUBLIQUE. — PÉRYSTILE DU PALAIS. —
LE CREUSOT.

Pax ! Pax   Et non erat pax.
Do vobis pacem.

III

JOURNÉE DU 11 OCTOBRE

GALERIE DES BEAUX-ARTS. — STATUE DE LA RÉPUBLIQUE. — PÉRISTYLE DU PALAIS. — LE CREUSOT.

> *Pax ! Pax ! Et non erat pax*
> *Do vobis pacem.*

Notre intention aujourd'hui est de profiter du soleil et de visiter le Trocadéro.

Toutefois, en passant, nous jetons un coup d'œil dans la *Galerie des Beaux-Arts*.

La sculpture occupe les premières salles.

Jeanne-d'Arc a la place d'honneur. C'est

elle qui frappe la vue, dès l'entrée. L'héroïne de Domrémy est à genoux, « écoutant ses voix, » dit le livret. Dominé par l'extase elle semble ployer sous l'émotion.

M. Chapu est l'auteur de cette belle statue.

Tout à côté se trouve le *Saint Tarcisius* de M. Falguières, le chef-d'œuvre peut-être de la sculpture moderne.

Saint Tarcisius est ce tout jeune enfant dont parle le cardinal Wiseman en son *Fabiola*, qui fut lapidé par les païens tandis qu'il allait porter la sainte Eucharistie aux martyrs, et dont le corps a été retrouvé, au commencement de ce siècle, dans les catacombes.

M. Falguières a compris ce délicat sujet avec toute la douceur et tout le sentiment qui lui convenaient. L'enfant rend le dernier soupir, étendu sur le sol, mais ses mains pressent toujours contre sa poitrine et défendent le précieux fardeau qui lui a été confié.

La foule, devant ces deux statues, s'arrête silencieuse. « C'est Jeanne-d'Arc, », dit-on ; et l'on se tait, comme dans une église. Le petit Tarcisius est moins connu, mais ce marbre parle, et tous comprennent ce qu'il dit.

Derrière Jeanne-d'Arc a été placé le « maréchal de Mac-Mahon » de M. Crauck.

Le duc de Magenta a l'air quelque peu distrait. Ses regards, fixés dans le vide, passent au-dessus de Jeanne-d'Arc qu'ils ne semblent point apercevoir. A sa droite est M. Krantz souriant béatement, et à sa gauche un buste de Monseigneur Darboy, archevêque de Paris, l'un des otages de la Commune.

Un peu plus loin, mais toujours dans la même salle, le public entoure un « Bonaparte, lieutenant d'artillerie dans les armées de Louis XVI, » de M. Guillaume. C'est la belle tête du premier consul, romaine déjà, mais respirant l'enthousiasme. L'empereur eut des traits plus gros et moins idéalisés. Le jeune lieutenant porte sur son hausse-col les trois lys de France.

Saint Tarcisius, Jeanne d'Arc, Louis XVI, Napoléon, Mgr Darboy, le Maréchal... Que de noms, que de souvenirs, que d'exemples et que d'enseignements en ces quelques mètres carrés.

Saint Tarcisius, tué par la force payenne : héros du christianisme naissant.

Jeanne-d'Arc, tuée par la force anti-française : héros — je laisse le masculin — de la France du Christ.

Louis XVI, tué par la force révolutionnaire qui est la force républicaine : héros de la France des Bourbons qui est la France du Christ.

Napoléon, tué par la force humaine et brutale : héros de la force brutale et de la force humaine.

Mgr Darboy, tué par la force anti-sociale : héros — par sa mort — du clergé moderne.

Le Maréchal.....

Et, au milieu de ce sang, se gaudit le

républicain à la figure sottement réjouie, le républicain content de son succès d'une heure, M. Krantz, le héros de la prétendue prospérité matérielle de la R. F., se frottant les mains parce que la seconde qui sonne lui donne de la joie, et se refusant à songer que le passé est là qui fournit des avertissements que le présent ne saurait détruire et que l'avenir, hélas ! ne fera que confirmer.

... En sortant, nous resaluons Jeanne-d'Arc !...

La principale façade du palais du Champ de Mars regarde le Trocadéro.

Sur le parvis qui précède la grande entrée s'étale une statue insensée de la République.

Cette grosse femme, grassement assise sur un siége en forme de chaise percée, semble en train de digérer voluptueusement quelque copieux festin. Ses traits de fort de la halle ont l'expression voulue pour cette besogne. D'ailleurs, la foule ne s'y trompe pas. J'ai entendu le mot sortir de la bouche d'un gamin de Paris. Ceux qui se respectent disent simplement : « A-t-elle l'air bête ! »

Dans ses mains elle tient, au moyen de quelques vis, une plaque de tôle bâdigeonnée couleur plâtre, avec ces mots :

Constitution

du 25 Février 1875.

Avoir une si mauvaise constitution et être si grasse !...

Cette Constitution du 25 février 1875 est celle de ce pauvre Wallon de Valenciennes, qui fut votée à *une voix de majorité* : majorité dont faisaient partie un homme depuis lors condamné à mort, trois autres condamnés par jugement public au déshonneur, plus vingt, et trente, et cinquante condamnés au mépris des honnêtes gens de France.

Au reste, les diverses personnifications de la République ont toutes le style de celle-ci :

point d'expression, un front bas, des yeux
perdus dans l'espace et regardant tout droit
devant eux, ainsi qu'il arrive chez les
idiots.

Un artiste d'ailleurs oserait-il, sans crain·
dre de se rendre coupable de contre-sens
clérical, tourner ces regards-là vers le ciel ?

Et quels rayons d'intelligence peuvent jail-
lir d'un œil qui ne reçoit pas l'éclat du
soleil divin ?

Lorsque l'angle d'incidence est mené d'un
foyer placé trop bas, forcément le specta-
teur se trouve en dehors de l'angle de ré-
flexion. C'est une simple loi de physique.

De chaque côté de la R. F., s'étendant le
long du pérystile, de droite et de gauche,
se trouvent les statues de toutes les nations
qui ont pris part à l'Exposition univer-
selle.

Ce travail est curieux à examiner. Il n'y

manque ni talent ni esprit. Les figures sont trois ou quatre fois nature, et d'un beau style.

Je les cite dans l'ordre où elles sont placées :

Indes anglaises : costume de rajah, couverte de pierreries.

Angleterre : mine douteuse. On devine ce qu'elle voudrait, mais on ne sait ce qu'elle veut.

Australie : type nègre.

Etats-Unis : attifée à la républicaine, flanquée de trente et quelques « attributs » qui tous ont la prétention de signifier un « principe.

Ainsi que la grosse de tantôt, cette république-ci a du papier en mains, et sur le papier ces mots : CONSTITUTION.

Les commères les plus bavardes sont celles qui ont le moins à dire, et l'on ne se vante jamais plus que des qualités que l'on n'a pas.

Norwége : en joli costume national ; chaste, réservée.

Suède : comme sa voisine et sœur.

Italie : tête bête ; long nez, long cou, munie de sa Louve ; ni tiare, ni croix. Ce n'est point l'Italie de Rome, ce n'est point non plus l'Italie de Caprera. C'est une turinoise, parlant le patois piémontais.

Japon : air intelligent.

Chine : air abruti.

Espagne : noble, fière, s'appuyant sur le globe. C'est l'ancienne Espagne, l'Espagne de Charles-Quint. La moderne a des airs moins fendants, et pour cause.

Autriche : étrange statue, décolletée, déshabillée, en vraie reine de débauche. Rubens, dans ses gros tableaux présentement au Louvre, pouvait se permettre ces fantaisies. Ici ce caprice est tout au moins hors de saison.

Hongrie : très... chic ; type magyar.

Russie : une épée en mains, coiffée d'une

sorte de bonnet de popes, semblant examiner l'Europe et le monde d'un air... glauque.

Suisse : même mine que toutes les R. ; méritait mieux que cela.

Belgique : porte sur la tête une toute petite couronne qui lui tient à peine ; a déjà cet air d'indécision et d'idiotisme propre aux nations républicanisées.

Grèce : montre des prétentions à l'antique ; tient en mains un Jupiter sans foudres ; ce n'est que justice.

Amérique du Sud : ? ! vêtue d'un chapeau de paille et d'une chemise.

Perse : en Shah.

Egypte : en momie ressuscitée.

Portugal : s'est muni de papiers comme une simple république. Mais, ici, le mot CONSTITUTION, qui ailleurs indique le genre de maladie du patient, est remplacé par : VASCO DE GAMA : CAMOENS.

Pays-Bas : grande rame en mains ; types

des matrones néerlaudaises ; mélange de
fierté et de bour geoisie ; simplicité, distinc-
tion et richesse combinées.

La pièce de résistance de cette portion de
l'Exposition située entre le Champ de Mars
et la Seine, est la tête colossale de la statue
de la Liberté destinée à servir de phare
pour la rade de New-York. Quatre hommes
peuvent tenir dans le nez. Dix personnes dé-
jeuneraient facilement à l'intérieur du crâne.

Le guide donne l'explication suivante :

Œuvre nationale

de l'union Franco-Américaine

Monument de l'Indépendance

La Liberté éclairant le monde

1776-1876.

Des « libertés qui éclairent le monde »
nous en avons déjà eu beaucoup, et le monde
n'en voit pas plus clair pour cela.

Si toutes ces libertés portaient une croix au front, leur éclat en serait purifié et vivifié, et « les peuples marcheraient à leur lumière. »

« *In Verbo — Jesu Christo — vita erat, et vita erat lux hominum, et lux in tenebris, lucet et tenebræ eam non comprehenderunt.* — Dans le Verbe — Jésus-Christ — était la vie, et la vie était la lumière des hommes, et la lumière luit dans les ténèbres, mais les ténèbres ne l'ont point comprise. »

Christus liberabit vos,

Et la liberté, c'est le Christ.

Le Creusot : établissements métallurgiques, mines.

Les établissements métallurgiques du Creusot sont les plus vastes de France.

Ils ont été fondés par M. Schneider, l'ancien président du corps législatif de l'Empire.

Tout un pavillon de l'Exposition leur a été réservé.

La statue du fondateur est là, surmontant un monument destiné à l'une des places des *corons* bâtis par ses ordres.

Au pied de la statue se tient une femme, et près d'elle son fils.

L'enfant est en habits de travail, demi-dénudé, ainsi que les ouvriers qui passent leur vie sur le seuil de ces enfers que l'on appelle des « hauts fourneaux. »

La mère parle à l'enfant, et lui montrant M. Schneider dit ces mots gravés sur le marbre :

« *Sois lui reconnaissant.* »

La tête du petit apprenti est un chef-d'œuvre d'expression. Mais, l'artiste l'a-t-il voulu ? le fond de cette vivante expression est le doute. Quoi qu'en dise sa mère, l'enfant hésite.

Et, en effet ! qui oserait affirmer que ces immenses exploitations, dans lesquelles 20,000 prolétaires usent leurs corps et leurs âmes, soient un bonheur pour l'ouvrier ?...

Parmi les travaux exposés je note deux dessins sous lesquels je lis :

Appareils à hélice de 8000 chevaux pour le

Cuirassé LE FOUDROYANT.

Appareils à hélice de 6000 chevaux pour le

Cuirassé LE REDOUTABLE.

Et, sur le fronton le plus élevé de leur Exposition, ils ont écrit ce mot :

PAX.

Cette paix humaine, la seule qu'ils veuillent reconnaître, est la paix des *Redoutable* et des *Foudroyant*. Cette paix-là parle le langage du canon.

De même que toute lumière vient du Christ, de même en dehors du Christ il n'y a point de véritable paix.

Do vobis pacem,

« Ce que je vous donne, c'est la paix. »

Le monde veut la paix en dehors de la Croix ; le monde aura la guerre.

Il n'y a qu'un ciment qui puisse indissolublement lier les peuples ; c'est celui que les mains de l'église forment et pétrissent avec l'eau sacrée du baptême catholique.

IV

JOURNÉE DU 11 OCTOBRE

(Suite).

PALAIS DU TROCADÉRO. — VUE DE PARIS. —
LA LOTERIE. — RETOUR EN OMNIBUS.

*Levavi oculos meos in Montem, unde veniet
auxilium mihi.*

*Excutere de pulvere, consurge, sede, Jérusa-
lem : solve vincula colli tui, captiva
filia Sion.*

IV

JOURNÉE DU 11 OCTOBRE

(Suite).

Palais du Trocadéro. — Vue de Paris. — La Loterie. — Retour en Omnibus.

Levavi oculos meos in Montem, unde veniet
auxilium mihi.

—

Exculere de pulvere, consurge, sede, Jérusa-
lem : solve vincula colli tui, capliva
filia Sion.

—

Le palais du Trocadéro.

Est-ce beau ? — Non.

Est-ce laid ? — Non.

C'est très-gros et très-énorme, avec une tête

colossale au milieu, deux grands bras étendus l'un d'un côté l'autre de l'autre, puis plus rien. A la tête, il y a deux hautes tours, en forme de tentacules, ainsi que le bon Dieu a fait aux hannetons. Mais, je le répète, ce n'est pas laid. De loin ça prend un peu des airs de carton peint ; le temps apportera son remède à ce défaut.

De quel style ? — Dame ! je n'en sais rien. Ce n'est pas français, voilà ce qu'il y a de sûr. C'est turc, c'est mauresque, c'est persan, c'est tout ce que l'on voudra.

La cascade, quoiqu'immense, manque totalement de grandiose. Elle s'élance d'une plate-forme située à quelques mètres au-dessus de la base du monument et coule le long de la pente qui vient aboutir à la Seine.

J'en dirai autant des jets d'eau. Ils paraissent petits.

Tout cela pourtant a coûté gros.

Du haut des campaniles le panorama est féerique. On a Paris à ses pieds, et au-delà les collines boisées qui entourent la grande ville. Du milieu des maisons entassées, qui recouvrent comme d'une croûte les ondulations du sol, jaillissent les monuments avec leurs tours, leurs clochers et leurs dômes.

Notre-Dame, Sainte-Clothilde, Saint Jacques, Le Panthéon, le Val-de-Grâces, les Invalides, percent cette enveloppe collée au sol, et portent vers le ciel leurs fronts couronnés tous de la croix de Jésus-Christ.

De ces hauteurs il semble véritablement que la vaste Babylone n'ait d'élan que vers Dieu, et que les voix qui seules parviennent à couvrir le murmure d'en bas soient des voix de l'âme chrétienne. Les Tuileries elles-mêmes et le Louvre disparaissent ; l'Opéra montre à peine sa carapace de plomb ; partout des temples pour Dieu et pour la foi, et au loin, dominant tout cet ensemble, la colline de Montmartre, nue encore aujourd'hui, mais qui bientôt fleurira de cette floraison divine dont « la France chrétienne et repentante » a jeté là les semences, sur l'emplacement où Saint Denis érigea le premier édifice de la Gaule de Jésus-Christ, où Ignace de Loyola donna à l'Eglise, si pas ses premières promesses, au moins ses premiers vœux et ses premiers serments.

On sait que le Palais du Trocadéro ne subira pas le sort de son voisin du Champ de Mars. Les démolisseurs le respecteront. A quoi servira-t-il ? On ne le saurait dire facilement, vu la forme.

A l'intérieur tout semble bas ; l'on se croirait dans un temple égyptien. On y a installé diverses collections exotiques. Je retrouve là des idoles, dont quelques monstrueux dragons à sept têtes : les sept péchés capitaux sans doute.

Dans un coin le public se presse pour admirer une charmante et délicieuse série de « figures » revêtues des divers costumes suédois et norwégiens, avec cette noble devise :

> Les pères l'ont légué
> Les fils le garderont.
> Aussi longtemps qu'au Nord
> Des cœurs virils battront.

Mais l'heure de la fermeture a sonné, et

force nous est de regagner l'une des portes de sortie, pour nous diriger ensuite vers le centre de Paris.

Cette opération n'est point dénuée de toute difficulté, qu'on le veuille bien croire. Bateaux-mouches, omnibus, tapissières, fiacres, tout est pris d'assaut ; et, si vous demandez au bureau un numéro d'ordre, estimez-vous heureux lorsque celui qui vous est alloué ne dépasse pas le premier mille.

Au milieu de ce bruit, de cette bousculade, de ce brouhaha indicibles, il est un détail agaçant. C'est l'insistance des agents de toute sorte, de toute couleur, de tout grade et de toute garde, à offrir aux visiteurs des billets de la *Loterie nationale*.

Eh ! je ne suis point si prude que certains de mes confrères qui ont crié au scandale à propos de cette opération non moins officielle qu'aléatoire. Je m'accuse même d'avoir pris quelques tickets, et, si je gagne le lot de cent cinquante mille francs, je ne m'en plaindrai pas ; mais, grands dieux ! laissez donc les gens tranquilles.

— Monsieur ne prend pas de billets ?

— Monsieur désire des billets, sans doute?

— Voici, Monsieur, des billets de la grande loterie.

— Monsieur, comme souvenir de l'Exposi·tion, acceptera-t·il quelques billets ?

— Monsieur ne voudrait-il pas bien gagner le gros lot ?

Et notez que, d'un bout à l'autre des longues galeries du Champ de Mars, depuis le matin jusqu'au soir, sur tous les tons et sur toutes les gammes, ces litanies sont bour-données à vos oreilles. Où que vous alliez, quelqu'allée que vous preniez, quelle que soit la nécessité qui vous pousse en tel ou tel lieu, là encore, là aussi, là toujours, le petit papier.

— Monsieur ce n'est qu'un franc !

Cependant, après une heure d'attente, l'im·

périale d'un omnibus me livre une place dont je me saisis avidement.

A ma gauche, s'installe un gros homme sous le poids duquel le véhicule semble ployer.

A ma droite, un ouvrier.

Le gros homme et l'ouvrier paraissant désireux de reprendre une conversation précédemment commencée, je leur offre de ne point faire obstacle entr'eux deux. Le gros me répond que je leur servirai de trait-d'union. Très-aimable ce gros !

Ils se mettent à causer affaire, industrie, crise commerciale.

— Ça ne va pas tout de même, dit le gros.

— Eh ! non ; réplique l'ouvrier.

— Malgré la République.

— Oh ! qui sait ? peut-être à cause de la République. Leur liberté ce n'est qu'une mauvaise blague. Ils veulent tout accommoder maintenant à cette sauce là, même le commerce ; ça ne vaut rien. Le libre-échange nous tue ; mais, parce qu'il y a là-dedans le mot « libre », pas moyen de s'en dépêtrer.

— Eh ! oui.

— Pas plus loin qu'hier j'ai reçu des nouvelles de chez nous. Ils sont rudement malheureux les tisseux... (1).

A ce mot de tisseux je levai la tête.

L'ouvrier continua :

— ... Plus d'ouvrage, plus rien. Ah ! diantre, aussi, par là, vous savez, de la République, il n'en faut plus, non.

— D'où êtes vous donc ? lui demandai-je.

— Du Nord, de Saint-Vaast près Cambrai.

. . . .

J'étais arrivé à destination. Je saluai mes compagnons de route, et descendis.

---

(1) TISSEUX, en patois cambresien veut dire *tisserand*. Le tissage est une des grandes industries du Cambresis et des Flandres.

V

JOURNÉE DU 12 OCTOBRE

Saint-Germain-des-Prés. — Le Panthéon.
— Notre-Dame.

Quam dilecta, tabernacula tua,
Domine virtutum !

V

JOURNÉE DU 12 OCTOBRE

Saint-Germain-des-Prés. — Le Panthéon. — Notre-Dame.

> *Quam dilecta, tabernacula tua,*
> *Domine virtutum !*

Les admirateurs les plus enthousiastes de l'Exposition sont d'avis eux-mêmes que le contentement des yeux n'empêche point la fatigue des jambes. Nous ressentîmes assez vivement, ce matin, cet inconvénient, et fûmes d'avis qu'il y avait lieu d'y remédier.

En conséquence, un « sapin » ayant été hêlé, notre bande s'y installa, décidés étions-nous à laisser, pour vingt-quatre heures, l'Exposition de côté, et à voir, ou plutôt à revoir, quelques-uns des aspects du Paris chrétien.

. . . .

— Cocher, à Saint-Germain des Prés.

Saint-Germain des Prés est l'église d'Hippolyte Flandrin.

C'est un des plus anciens monuments de Paris. Elle servit de sépulture aux rois de la première race. Frédégonde y fut inhumée. Toutefois l'édifice actuel, tel qu'il nous a été gardé, date de la fin du dixième siècle et du commencement du onzième. Sa dédicace solennelle n'eut lieu que le 21 avril 1163. Cette cérémonie fut présidée par le Pape Alexandre III, qui, en cette même année, posa la première pierre de Notre-Dame.

L'abbaye dont elle dépendait était la première abbaye de France, avant la fondation de Saint-Denis. Hugues Capet en fut titulaire.

Une restauration récente a rendu à l'ensemble de l'édifice toute la pureté de son style et toute la richesse de sa décoration primitive.

Saint-Germain possède, avec Saint-Vincent de Paul, la partie la plus importante de l'œuvre de Flandrin.

Dans les compositions de Saint-Germain des Prés, le grand artiste chrétien s'est inspiré de ce texte de Saint-Paul : « *Jésus-Christus heri et hodie, ipse et in sœcula.* Le Christ était hier, il est aujourd'hui, il sera jusqu'à la consommation des siècles. » Et, guidé par cette idée, il nous a montré, dans les faits historiques de l'ancien testament, la figure prophétique des réalités de la nouvelle loi. *La dispersion des hommes à Babel* annonce *la dispersion des Apôtres;* le *sacrifice d'Abraham* est comme l'ombre portée en avant du *sacrifice de Jésus-Christ sur la croix ;* la *vente de Joseph* fait pendant à la *vente du fils de Dieu* par Juda; le *Sacerdoce de Melchisedech* prophétise l'*Institution de la Sainte-Eucharistie.*

La peinture catholique moderne a de hautes et grandes qualités. Elle est calme et pure ; elle rend exactement le dogme, dans toute la rigidité obligatoire de ses termes, et dans toute la floraison permise de ses développements ; elle exclut rigoureusement l'impudicité ; elle est savante comme forme et comme ion, mais ne permet ni à la ligne ni à la couleur de prendre le pas sur l'esprit. Elle n'a point peut-être toute l'*angélicité* du bienheureux de Fiesole, mais elle se garde de ses imperfections ; et, si Raphaël reste toujours le maître incontesté, ses licences en fait de mœurs artistiques ne font plus loi, et l'art chrétien du XIXme siècle comprend mieux les exigences de nos églises consacrées au Dieu de toute pureté.

Un monument a été élevé, dans l'église de Saint-Germain-des-Prés, au souvenir et à la gloire d'Hippolyte Flandrin. Sous son buste ont été gravées ces magnifiques paroles :

Quia delectasti me, Domine, et in operibus manuum tuarum exultabo.

Vous avez été toute ma joie et toutes mes délices, ô mon Dieu ; et c'est dans la contemplation des œuvres sorties de vos mains que je veux trouver toute la consolation de mon âme.

Flandrin est mort en 1864. C'était un noble et beau caractère, et un grand chrétien.

Le chœur de Saint-Germain-des-Prés n'est point complètement d'aplomb avec la ligne médiane menée du portail et du centre de la nef. Il incline sensiblement vers la gauche.

Ce défaut voulu se retrouve dans l'architecture d'un grand nombre d'églises du moyen-âge.

De même que les « bâtisseurs » de ces époques de vives croyances avaient, dans leurs constructions, substitué *la croix*, par l'adjonction des bras du transept, au vaisseau nu des basiliques païennes, ils voulaient, en outre, par cette inclinaison des lignes du chœur, figurer la position de Notre-Seigneur sur l'arbre du Calvaire, lorsque, expirant, la divine victime laissa retomber sa tête « penchée, dit Saint-Augustin, vers ce cœur que l'amour avait transpercé. »

Les architectes du onzième siècle construisaient une église comme l'on prie, l'âme, l'esprit, et... le crayon, tournés vers Dieu.

Sortant de Saint-Germain-des-Prés nous nous fîmes mener au *Panthéon.*

Le Panthéon est quelque chose, certainement, et le siècle dernier, qui ne fut ni grand ni riche par aucun côté, nous a légué peu de monuments aussi réussis.

La Révolution en avait fait une halle à grands hommes.

Le second empire le rendit à Jésus-Christ, et à la petite sainte Geneviève qui à elle seule vaut beaucoup de grands hommes, même républicains.

Sous le péristyle, la Commune fusilla quelques-uns de ses otages, au pied des statues de *Clovis recevant le baptême des mains de saint Rémi* et de *Sainte Geneviève arrê-*

tant Attila. Les traces des balles se voient encore sur la pierre des murailles.

A l'intérieur, des peintures récentes, œuvres de M. Puvis de Chavannes, couvrent les parois trop nus de l'édifice.

M. Puvis de Chavannes vise au *vieux.* Ses figures se détachent, sur des teintes plates, par de grands traits noirs qui, avant tout, semblent se moquer du dessin. D'un peu loin, l'effet, à dire vrai, n'est point désagréable, et les artistes sérieux estiment, dit-on, ce genre-là. Nous aurions garde de nous inscrire en faux contre l'engouement des artistes sérieux, mais nous préférons les lignes si pures et si correctes de Flandrin.

Les grandes toiles de Cabanel : — « la vie de saint Louis » — qui se trouvent en ce moment à l'Exposition, sont, à notre humble sentiment, de beaucoup supérieures. Elles doivent faire face aux peintures de M. Puvis de Chavannes.

Lorsque le Panthéon recevait des grands

hommes à domicile, on les descendait à la cave.

' Parmi les plus illustres en coquineries que les corbillards de « la patrie reconnaissante » — le fronton parle ainsi — amenèrent là, furent Voltaire (1) et Rousseau. On les apporta à l'état de pourriture, bien entendu.

Sur le tombeau de l'auteur de la *Pucelle* on grava ces mots :

« Poëte, historien, philosophe, il agrandit l'esprit humain et lui apprit qu'il devait être libre. Il défendit Calas, Sirven, de la Barre et Montbailly ; il combattit les athées et les fanatiques ; il inspira la tolérance ; il réclama les droits de l'homme contre la servitude de la féodalité. »

Rousseau eut moins de phrases :

« Ici repose l'homme de la nature et de la vérité. »

Style républicain, style bête.

---

1) On sait que, selon toute probabilité, ce qui fut conduit au Panthéon ne fut point le corps de Voltaire, mais bien le cadavre d'un moine volé au cimetière voisin.

Notre·Dame.

Après Cologne, et Chartres peut-être, l'église Notre-Dame de Paris, est, comme ensemble, le chef-d'œuvre de l'art gothique.

Nous le disons plus haut, la première pierre en fut posée par le pape Alexandre III, la même année qu'il consacra Saint Germain-des-Prés.

Alexandre III, chassé de ses états par l'allemand Frédéric Barberousse, était venu chercher protection près de la royauté qui avait fondé et qui soutenait la liberté temporelle des papes. Son exil dura sept années. La reconnaissance des peuples d'Italie, préservés par son intrépide résistance, lui donna le nom de *Propugnateur de la liberté ita_lienne.*

En ces jours-là régnait en France Louis VII, dont le grand Suger fut le ministre.

Notre·Dame, commencée en 1163, ne fut

point achevée avant le milieu du treizième siècle, vers 1235. Alors on ne se pressait pas. On avait le temps pour soi. Aujourd'hui, le lendemain même ne nous appartient plus. Dix ans sont un siècle. Mais on ne fait plus en un siècle ce que l'on faisait alors en dix ans.

L'église cathédrale de Paris — la ville qui tue ses pontifes — conserve intacte la tombe de ses martyrs.

Ils sont, par ordre d'assassinat, rangés dans les chapelles du pourtour du chœur :

— Monseigneur *de Quélen*, l'évêque angélique, mort de douleur et de chagrin, sans que le poignard fût obligé d'y apporter sa blessure : — 1839.

— Monseigneur *Affre*, immolé sur les barricades, et laissant tomber de ses lèvres ce testament sublime : « Puisse mon sang être le dernier versé : » — 1848.

— Monseigneur *Sibour*, frappé par la main d'un apostat, martyr du dogme de l'Immaculée-Conception : — 1857.

— Monseigneur *Darboy*, victime de ces cannibales qui, au cri de : Vive la République, incendièrent Paris et massacrèrent les plus nobles d'entre ses enfants : — 1871.

Le cardinal *Guibert* — encore vivant — occupe, dans la petite stalle épiscopale du chœur, la place qu'occupèrent et Mgr Darboy, et Mgr Sibour, et Mgr Affre, et Mgr de Quélen..... : — 1878.

Dans le bras droit du transept, le Chapitre a fait placer une plaque de marbre noir sur laquelle je lis ces mots :

LISTE DES OTAGES

ASSASSINÉS LES 24, 25, 26, 27 MAI 1871.

Ils sont 76 — soixante-seize !

Sur ces soixante-seize il y a :

— Neuf prêtres séculiers, dont deux évêques, Mgr Darboy et Mgr Sura.

— Cinq Jésuites.

— Quatre pères de la Congrégation des saints cœurs de Jésus et de Marie.

— Cinq dominicains.

— Un frère de la doctrine chrétienne.

— Treize laïcs.

— Trente-cinq soldats de la garde républicaine.

— Quatre gendarmes.

On sait que ces brutes de la Commune
avaient rêvé d'incendier Notre-Dame. Les
soldats de l'ordre purent éteindre à temps les
barils de pétrole et enlever les tonneaux de
poudre destinés à faire sauter l'édifice.

Et dire que c'est vers cet état de choses
que nous retournons à grands pas !...

— Qui pourrait affirmer que, dans deux
ans, l'église Notre-Dame de Paris sera encore
debout ?

VI

JOURNÉE DU 13 OCTOBRE

Notre-Dame-des-Victoires. — Les Caricatures. — Saint-François-Xavier. — L'Avenue des Nations. — Le Pavillon de la
ville de Paris.

*Afferte Domino, patriæ gentium, afferte
Domino gloriam et honorem.*

VI

JOURNÉE DU 13 OCTOBRE

Notre-Dame-des-Victoires. — Les Caricatures. — Saint-François-Xavier. — L'Avenue des Nations. — Le Pavillon de la ville de Paris.

Afferte Domino, patriæ gentium, afferte Domino gloriam et honorem.

Aujourd'hui, dimanche, nous assistâmes à la messe en l'église de Notre-Dame-des-Victoires. — Toujours la même foule, et la même absence de respect humain.

Les entrants et les sortants baisent avec respect, comme à Rome, le pied de la sta-

tue de Saint-Pierre placée près du portail.
C'est une habitude prise et qui sera gar-
dée.

Attendant l'omnibus pour me rendre à
l'Exposition, j'achetai toutes les gravures contre le clergé que je trouvai chez un marchand de journaux.

Présentement ces immondicités encombrent
la rue.

Le de Marcère permet tout, et les républicains de la fange s'en donnent à cœur
joie. Il serait à croire véritablement que les
égouts de la R. F. débordent, tant la voie
publique est souillée. On sent combien tout
ce fond est mauvais et corrompu, et jusqu'à
quel point la pourriture interne et externe
a gagné ce parti. C'est sale, c'est dégoûtant,
c'est immonde.

Et, pourtant ! sur ce tas d'ordures, comme
sur un trône, siégent ceux que l'on appelle
les sages, les modérés, les conciliants, les

rois, les aristocrates de la faction ! — Messieurs, lorsqu'un jour viendra où vous jugerez opportun de descendre de ces monticules aux émanations variées, ne croyez point alors pouvoir vous remettre dans la foule, côte à côte avec les gens propres. Il vous restera, au sortir de cette fange, ce que gardent les pieds qui ont touché la boue, et ce qui fait que, dans la société lavée, l'on est mis à l'écart par mesure de convenance. Lorsque tout l'être a vécu au milieu de miasmes putrides, longtemps il en reste imprégné ; et, ne serait-ce qu'à cause même de l'odeur des vêtements, encore est-il que le passant ne peut s'empêcher de dire : cela sent mauvais.

Oui, vous sentez mauvais.

Je quittai l'omnibus près de l'église dédiée à Saint-François Xavier, récemment bâtie, et que je désirais visiter.

Il était midi : les fidèles entraient pour la dernière messe.

Saint-François Xavier est construit dans le goût du jour. Or, je reproche au goût du jour de faire ses églises plus belles à l'extérieur qu'à l'intérieur. Ce n'est plus là l'*omnis gloria ejus ab intus.* Et puis, je ne sais si c'est illusion de ma part, mais il me semble toujours que ces monuments récents ont des airs de gares de chemin de fer, de belles gares certainement, mais enfin de gares.

Toutefois remercions Dieu que, malgré la République, malgré les journaux de la République, malgré les caricaturistes de la République, malgré le Gambetta de la République, malgré les gens de la République, l'on bâtisse encore des églises.

Aussi longtemps que la France abritera un autel, cet autel fût-il une simple pierre du chemin, et que sur cet autel un prêtre de Jésus-Christ pourra offrir le sacrifice de l'Eucharistie, la France servira à quelque chose, et Dieu la gardera. Nous ne sommes pas près de ne plus en être-là ; certes.

Sur le fronton du péristyle je lis ces mots :

VENITE ADOREMUS ;

VENEZ, ADORONS.

Je l'ai dit, la foule répondait à cette invitation, et lorsque le prêtre, au pied de l'autel, se signant de la croix, prononça l'*Introïbo ad altare Dei*, l'église était pleine.

Et tous ceux qui étaient présents étaient *venus* pour *adorer*.

J'entre à l'Exposition.

Grands dieux !... quelle cohue !... quelle presse !... C'est dimanche, et tout le Paris de l'usine et du commerce, qui n'a de liberté qu'en ce jour, est accouru en foule.

D'ailleurs, c'est plus pittoresque que dans la semaine. Le petit boutiquier de la capitale traite le Palais du Champ-de-Mars comme il traite les bois de Meudon. Ce ne sont, dans toutes les allées, que familles ou groupes d'amis, campagnardement accroupis autour d'un veau froid, d'un jambon, d'un rosbif, et arrosant le tout d'un petit bleu appétissant.

M. Krantz, le rigide M. Krantz, n'est point

charmé, dit-on, de ces agapes champêtres qui souillent ses chemins de leurs papiers gras et de leurs os rongés. — M. Krantz a tort. L'ouvrier peut trouver, dans le fond de son porte-monnaie, une pièce vingt sous qui paiera son ticket d'entrée, mais si à ces vingt sous doivent s'ajouter cent sous de victuailles à dépenser dans un des restaurants de l'Exposition, plus moyen de joindre les deux bouts.

Nous nous dirigeons vers l'*Avenue des nations*.

L'avenue des nations coupe le palais dans toute sa longueur, du midi au nord, parallèlement aux galeries des machines.

De chaque côté de cette longue artère les « pays exposants » ont élevé chacun une construction, selon le goût, le style, les habitudes et les coutumes de sa contrée.

Cette partie du Champ-de-Mars est très-curieuse et très-réussie.

— Les *Pays-Bas* exhibent un fac-simile, grandeur nature, de l'hôtel de ville de La Haye. Ceux qui ont visité la Hollande retrouvent, dans cet édifice, ces diverses teintes de la brique jaune et de la brique rouge qui donnent à toutes les habitations des provinces néerlandaises un genre si original. Toutefois nous croyons que l'on eût pu choisir un modèle plus complètement heureux. Pourquoi, par exemple, n'avoir pas songé à la délicieuse « maison de ville » de Hoorn, si coquette et si antique sous ses écussons peints, et ornée si fièrement de ses vieux burgraves aux armures et au cœur d'acier ?

— Le *Portugal* a un splendide portique pris de l'une de ses abbayes. C'est du plus beau gothique flamboyant. Mais pour quelles raisons avoir remplacé les statues de saints de l'original par ces messieurs inconnus qui semblent si étonnés de se trouver en ces niches usurpées ? Toutefois on a eu le bon esprit de conserver la croix et la belle vierge du sommet.

— La *Belgique* a bâti comme pour des siècles. Il est malheureux de penser qu'un semblable chef-d'œuvre dans peu de jours sera détruit.

Je copie deux inscriptions :

> Les Belges sont égaux devant la loi.
>
> Tous les pouvoirs émanent de la nation.

Les Belges sont égaux devant la loi ? Quand M. Frère-Orban est au pouvoir, les catholiques ne sont donc plus des belges ?

Tous les pouvoirs émanent de la nation : même celui, donné aux gueux par le gouvernement libéral, d'assassiner les catholiques en pleine place publique ?

Le fronton de ce remarquable édifice est supporté par quatre statues :

La Foi, ayant en mains un calice surmonté de la Sainte Hostie.

La Raison,

La Presse,

La Force armée.

Que diable ! vient faire la presse en cette galère ?

La presse soutenir quelque chose ! allons donc ; vous parlez belge, « savez », les amis, lorsque vous voulez dire semblables balourdises.

— *La Suisse*, avec un campanile style Martin-Martine.

Belle devise : « *Un pour tous, tous pour un.* »

— *La Russie* nous donne une de ces vieilles constructions moscovites, bâties comme avec des arbres entiers, derrière lesquelles le boyard brave la neige et les frimas.

Mais, ça doit brûler facilement.

— La *Perse*, la *Chine*, le *Japon*, ont des maisonnettes japonaises, chinoises, persanes.

Ils sont toujours drôles, ces gens-là !

Les Japonais sentent le musc et sont gens d'esprit.

Les Chinois sentent mauvais et sont ou des coquins ou de grands enfants.

Les Persans sentent le sabre, et ne valent rien.

— *L'Italie* : bâtisse incohérente, sans ordre.

Au-dessus de la porte d'entrée on a accroché un portrait de Vittorio-Emmanuele : — pas plus beau là qu'ailleurs.

Sur la frise, tous leurs grands hommes, avec Machiavel, et Dante à côté.

Ce dernier fait une grimace qui ne saurait être traduite que par ces trois mots : « Sont-ils bêtes ! »

— *Suède et Norwége* : du bois.

— *Etats-Unis :* rien ; peuple sans passé et sans avenir.

— *Canada* : province française de cœur et d'âme. Ils ont écrit sur la grille d'entrée de leur section :

Quid retribuam Domino ?

A. D. 1878.

— *Angleterre :* — « *Dieu et mon droit.* »

C'est court, mais c'est net. Quel dommage que Luther ait terni de son souffle cette pureté !

La plupart des vitrines des exposants anglais sont fermées, à *cause du repos domi-
nical.*

On m'a affirmé que les sous-ordres du
protestant Krantz avaient voulu forcer ces...
cléricaux à « ouvrir » le dimanche comme
les autres jours. — « Dieu et mon droit, M.
Krantz. »

Le seigneur Krantz se l'est tenu pour dit.

Vers le milieu de l'Avenue des nations,
comme à un poste d'honneur, la grande cité
a placé son bazar particulier : — *Pavillon
de la ville de Paris.*

On a mis beaucoup de choses dans ce
pavillon : des photographies, des dessins, des
sculptures, des vues d'égouts, etc.

Parmi les photographies je remarque la
reproduction des « .ruines de l'affaire de la
rue Bérenger. » Les « *ruines d'une affaire !* »

Pour du français, c'est du français de *faits divers* ; mais passons.

Je cherche les photographies des ruines des monuments incendiés par la Commune ; je ne trouve rien. M. de Marcère a donné ordre, sans doute, qu'on les oubliât.

En revanche il y a, en plâtre, le plan de « l'hôtel de ville reconstruit. » C'est de l'ouvrage pour les futurs fédérés de la R. F. On remet du bois dans le four, tout simplement, comme fait le boulanger qui prépare la cuisson du lendemain.

Voici des livres, des cahiers, des méthodes, *pour écoles communales.*

Ecoles de petits « in-culte », cela va de soi ; écoles, par suite, de petits polissons, de petits vauriens, de petits révolutionnaires, vraie graine d'électeurs au service des Gambetta et des gambettistes. Cela pousse comme poussent les champignons, sur le fumier.

Tout à côté, comme le Bon Dieu à côté du mauvais larron, se trouvent des peintures religieuses d'un bon style. Il y a, entre autres, pour l'église Saint-Merry, une *Vie de saint Denis* par Lévy, qui demande à être citée.

A dire vrai, Paris, comme la France, est bien dans cet ensemble sans unité, dans ce mélange où tout se heurte, le bon, le mauvais, l'excellent, le médiocre, le radical et le clérical, le républicain et l'honnête.

Nous sommes un *meli-melo* de toutes choses.

En ce moment ce meli-melo est de la boue, parce qu'on a remué le fond, et que le fond est monté à la surface.

Si nous avions seulement dix mois de calme, la boue reprendrait sa place normale, au fond, et le dessus redeviendrait clair. Mais, avant que nous en arrivions-là, m'est avis que le taureau, ainsi que je disais l'autre jour, fera encore des siennes dans le baquet gouvernemental !... La France n'a pas atteint le terme du trouble et du troublé. La leçon n'est point complète.

Et pour que la miséricorde de Dieu lui

donne de chanter le *merci* de la délivrance
et de la reconnaissance, il faudra — nous
craignons que la justice ne l'exige, — qu'elle
pousse vers le ciel le *merci* de la peine, de
la douleur, et du châtiment.

VII

JOURNÉES DES 14 & 15 OCTOBRE

Statue de Marie-Antoinette. — Section des
Beaux-Arts.

At illi dixerunt : Barabbam.

VII

JOURNÉES DES 14 & 15 OCTOBRE

Statue de Marie-Antoinette. — Section des
Beaux-Arts.

Ai illi dixerunt : Barabbam.

Nous n'avions jeté, précédemment, qu'un
rapide coup d'œil sur la section des *Beaux-
Arts* ; nous voulûmes aujourd'hui la revoir
plus à notre aise et plus à fond.

Pour arriver à la *Peinture*, nous pas-
sâmes de nouveau par la *Sculpture* : — toujours les mêmes groupes d'admirateurs devant
la Jeanne-d'Arc de Chapu et le Mac-Mahon

de Crauck. On entoure également les bustes de Mgr Darboy et de M. Bonjean, ainsi que la statue en pieds de M. l'abbé Deguerry, curé de la Madeleine, tous trois représentants de nos crimes devant Dieu, attestations devant l'histoire des fureurs républicaines, témoignages du passé et menaces d'avenir.

Dans le salon qui précède la peinture anglaise, je remarque une certaine émotion de la foule, autour d'un bronze qu'un cercle épais de curieux ne me permet que difficilement d'approcher.

— C'est Marie-Antoinette.

La reine a son costume d'échafaud. Les mains sont liées derrière le dos. Elle relève fièrement la tête, et jette sur la cohue des assassins un de ces regards hautains dont son cœur avait le secret.

Tout son extérieur a quelque chose de dédaigneux ; mais, lorsqu'une femme, lorsqu'une mère, lorsqu'une reine, accusée de toutes les infamies, marche ainsi à une mort pleine d'honneur, elle a le droit, elle a le devoir

de se mettre sur le front cet air-là, et sur
les lèvres ce dédain plein de sérénité pour
elle-même, plein de méprisantes condamna-
tions pour ceux qui l'avaient voulu souil-
ler.

J'examine quelle impression fait sur les
spectateurs cette remarquable statue.

Un homme salue.

Un lycéen passe, avec un air de moque-
rie bête sur son visage véritable miroir du
vice,

Une vieille femme s'incline, se signant du
signe de la Croix.

Sur le piédestale il y a ces simples mots :

Marie-Antoinette

16 *Octobre* 1793.

Seize octobre 1793 ! jour du crime : pendant du 21 janvier. C'est après demain.

Peinture anglaise.

Peinture calme, pudique. Nous n'avons point à baisser les yeux.

Plusieurs scènes de paupérisme. Le paupérisme est un des fruits du protestantisme et de l'industrialisme anglais.

Peinture italienne.

Au milieu de la section italienne une délicieuse statue de Pie IX assis attire tous les regards. Le Pape est un peu renversé dans son fauteuil, les mains ouvertes et toujours prêtes à bénir, penché sensiblement vers le côté gauche, comme il lui était accoutumé de se tenir, la tête légèrement inclinée en avant, souriant, reposé, tel que nous l'avons connu en ses dernières années, plein de vie encore, mais semblant attendre la mort comme l'on attend quelqu'un qui met à venir plus de retard que l'on ne pensait. Les yeux ont bien ce charme indéfinissable et cette vigueur d'interrogation muette qui donnait à la physionomie du grand Pontife un quelque chose que l'on ne saurait dire, mais que tous ressentaient, et qui, pour les uns sujet de crainte, était pour les autres comme une approbation, un remerciement, un encouragement, une bénédiction.

Nous ignorons l'auteur de cette belle œuvre; mais, quel que soit son nom, c'est le nom d'un artiste de talent.

Voici quelques portraits.

Un individu de Milan a commis celui de « Gambetta pris de vin. »

Le gras homme a la trogne rougie des gens qui ont suffisamment dîné.

Cela pourrait faire pendant aux gros Silènes de Jordaens. Ce n'est pas moins huileux, ça ne sent pas moins les liquides suris, ça exhale le même parfum de venaison, ce parfum douteux qui reste dans une salle de festin lorsque les festoyeurs ont quitté le terrain pour s'adonner à la digestion.

Et dire que ce que digère M. Gambetta, c'est la France !

En face de Gambetta une très-belle toile force l'attention du public : — « Napoléon Ier annonçant son divorce à l'impératrice José-phine. »

La pauvre sacrifiée pleure et ne paraît point regimber contre l'arrêt.

Lui, tremble, malgré tout, et s'émeut. Mais l'ambition est là qui ordonne, et l'autocrate obéit.

La foule est pour Joséphine contre Napoléon. Toutefois on sent que le grand nom a toujours son prestige ; et l'on n'ose ouvertement blâmer. Il semble, véritablement, que ces blessures profondes faites par l'empereur au peuple qu'il avait dompté comme l'on dompte la bête fauve, n'ait atteint le cœur que pour se cicatriser immédiatement au dehors, et se changer dans les replis du souvenir en un ensemble prestigieux de victoires et de conquêtes qui fait oublier le calme du bonheur privé et la paix heureuse des foyers intacts et respectés.

Tout cela est de la légende, je l'accorde ; mais ne se fait point une légende qui veut.

Dans cette section de la peinture italienne se trouve une toile absurde que nous recommandons à l'attention des gens qui aiment la caricature grotesque. Le sujet ? — « Pose de la première pierre des grandes galeries de Milan par Victor-Emmanuel. »

Il pleuvait, paraît-il, le jour où eut lieu cette cérémonie.

L'artiste, observateur respectueux des phénomènes barométriques, a tenu à bien rendre la scène telle que la fit, en cette occurence, et les gouttières des toits et les parapluies des assistants. Il y a des parapluies verts, des parapluies bleus, des parapluies jaunes, des parapluies rouges, voire des parapluies roses.

Victor-Emmanuel, lui, reçoit l'averse sans broncher. C'est une qualité dont n'eût point su faire parade Louis-Philippe de prudhommesque mémoire.

Etats-Unis.

Les Etats-Unis achètent des tableaux, mais n'ont point le temps d'en faire : *times is money.*

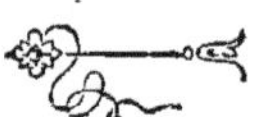

Peinture française.

Dès que l'on entre en France, le déshabillé surgit.

Le latin, dit-on, dans les mots brave l'honnêteté. Le français, lui, fait cela avec son ciseau et avec son pinceau. Ce serait à croire que le rapin qui n'a point sur la conscience quelque méfait anti-moral n'est point « *dignus intrare in... porciforio corpore.* »

— *Caca !* fait, près de nous, un enfant à sa mère, montrant une absence de batiste très-prononcée.

En effet, c'est bien le terme propre et entièrement convenable en la circonstance.

Bouchons-nous le nez, et passons.

Comme impression générale la peinture française moderne doit se résumer en ces quelques mots : beaucoup de science, peu d'idées.

Les tableaux historiques font défaut. Le « genre » domine, c'est-à-dire la petitesse de la mignardise.

Par-ci, par-là, quelques toiles militaires que le public entoure avec intérêt. Mais la présence de la Prusse a fait éliminer les plus importantes. C'est l'impôt de la gloire, après l'impôt des millions, qui suivit l'impôt du sang.

M. Bonnat fait merveille avec ses portraits d'actrices et de grands hommes.

Parmi les grands hommes de M. Bonnat il y a M. Thiers.

M. Thiers fut grand par les évènements qu'il toucha, par les intérêts qu'il eut en mains.

Par ce côté on ne saurait pas ne point le considérer avec attention.

Par lui-même il fut petit.

Par M. Bonnat il est très-bien peint.

Notons un absurde « martyre de Saint-Etienne » de M. Lehoux.

C'est être martyrisé deux fois qu'être badigeonné de la sorte.

M. Bouguereau.

Est-ce du Raphaël ? n'en est-ce point ? — Ça pourrait en être, ce qui déjà est beaucoup.

Peu de peintures modernes, certainement, ont cette touche suave et délicate.

Les réalistes disent que c'est léché. Le léché est mauvais, mais les bouillabaisses des Courbet et des Manet sont bien plus mauvaises encore.

Les Corot occupent un panneau réservé.

J'attends, pour admirer les paysages de M. Corot comme ils le méritent, que je sois devenu connaisseur en règle.

Cependant on ne peut nier que cette étran-

geté de pinceau force le passant à s'arrêter.
De près c'est horrible, de loin « c'est cela. »

Peinture autrichienne.

Toile hors ligne de M. Makart le peintre
hongrois : — « Entrée de Charles-Quint à
Anvers. »

C'est du Rubens pur sang.

Il y a là dedans une force de conception
et d'exécution qui surpasse de cent coudées
tout ce qui se trouve aux alentours.

M. Makart, au reste, jouit dans son pays
d'une popularité qui égale, ou peu s'en faut,
celle dont jouissait, en son temps, le grand
peintre anversois.

Une peinture de M. Makart est, en Hongrie et en Autriche, un véritable évènement.
Le tableau est porté de ville en ville, et les
populations sont admises à le contempler,

comme l'on contemple une relique, avec respect et vénération.

Peinture espagnole.

Quelques rayons du soleil de Cordou écla-
tent ça et là.

Peinture russe.

Le morceau principal de la section russe
est une scène de l'histoire religieuse : —
« Néron éclairant les jardins du Vatican à
l'aide de chrétiens enduits de résine. »

Le peintre a donné comme exergue à son
œuvre ces paroles de l'évangile de Saint-
Jean : *Lux in tenebris lucet, et tenebræ eam
non comprehenderunt.*

Le persécuteur est étendu sur un char

que traînent deux tigres. Une bande de débauchés l'accompagne. Un temple payen forme fond. Les chrétiens empalés et fixés en terre sont entourés de poix et de fascines. Des esclaves allument ces torches humaines.

Un écriteau indique le motif de l'exécution, car dans cette orgie même il fallait les formes de la justice :

CHRISTIANUS

INCENDIATOR URBIS

GENERISQUE HUMANI HOSTIS.

« *Incendiaire.* » — Si la Commune de 1871 avait survécu à l'incendie de Paris, les républicains qui en furent les chefs eussent, eux aussi, ajouté de nouveaux otages aux otages précédents, « sous prétexte d'incendie. » Ferré eût été là pour jurer sur serment que le « flambez finances » était de la main et de la signature de Monseigneur Darboy.

Dans une salle voisine se trouve un magnifique « Christ devant le peuple. »

L'Homme-Dieu est impassible. Les regards

sont fixes. On sent qu'Il souffre, non pour lui, mais pour ceux qui l'insultent.

Sous la statue, ces mots :

NESCIUNT QUID FACIUNT.

Peinture belge.

Nous rencontrons, dans la section belge, la fameuse « Sortie d'une nuit de débauches », d'Hermand, qui fit sensation au salon de 1875.

Que c'est ignoble, dégoûtant et sale, mais que c'est cela !

Que c'est cela, dans ces soieries fripées, dans ces mines blafardes, dans ces yeux cernés, dans ces lèvres qui n'ont plus la force de se refermer, dans ces fronts exsangues, dans ces jambes flageolantes, dans ce maintien de cadavres vivants !

Que c'est cela aussi dans ce groupe d'ouvriers qui, au moment où l'orgie livre ses hôtes à la rue, s'en vont au travail gagner le pain de la journée.

Et quelle leçon dans ce rapprochement ! Et quelle menace !

Si ces « prolétaires » ont fait le signe de la croix avant de reprendre la tâche quotidienne, ce qui entrera dans leur cœur sera le mépris et la pitié.

S'ils n'ont point la foi, la haine et la colère seules s'empareront de leurs âmes ; et, alors, gare !...

Un autre artiste belge, sous prétexte d'*Ecce Homo*, a fait « Une scène de rue un jour d'émeute électorale. »

Sur le cadre il y a une explication :

Nous voulons Barabbas !

L'encadreur a mal lu. Il eût dû examiner la mine de ces citoyens-électeurs, vrais types de bandits.

Sans nul doute, sur la copie, il y avait :

Nous voulons Rabagas !

Peinture allemande.

Sur la porte qui donne accès dans le salon prussien, on lit cette insulte :

Empire d'Allemagne.

L'*Empire* d'Allemagne fut proclamé à Versailles, en décembre 1871, dans la grande galerie des fêtes du palais royal de Louis XIV, durant l'investissement de Paris.

C'est dans cette même galerie que, tout dernièrement, au lendemain de la fête des récompenses, la R. F. fit valser ses invités.

Le grand Roi, en son domicile, en voit de toutes les sortes.

Quant au mois de décembre 1871, ce fut

le mois des cigares exquis de M. Gambetta. Le grand homme alors avait le cœur content. N'était-il point heureux ? Que lui manquait-il ?

Je m'étonne de ne point trouver, ici comme dans la section italienne, un portrait de ce héros. Car si M. Gambetta est italien d'origine, par politique il est prussien. N'est-ce point lui qui valut aux guerriers de Berlin la Lorraine et les trois milliards d'augmentation ?

M. Thiers, forcé, avait consenti au sacrifice de l'Alsace et à deux milliards. Les fous de la Délégation firent le surplus.

Ces fous ! qui vont redevenir nos maîtres.

La tyrannie est toujours odieuse ; mais la tyrannie des goujats ajoute aux douleurs de l'âme la honte de l'honneur. Souffrir n'est rien, lorsque l'on souffre honorablement ; mais sentir son sort lié au sort de bambocheurs méprisables et méprisés !...

VIII

—

JOURNÉE DU 16 OCTOBRE

La Madeleine. — La Chapelle expiatoire. — Le général de La Moricière. — Adieux a l'Exposition et a Paris.

—

Ecce civitas facta est deserta.

—

VIII

JOURNÉE DU 16 OCTOBRE

La Madeleine. — La Chapelle expiatoire. — Le général de La Moricière. — Adieux a l'Exposition et a Paris.

Ecce civitas facta est deserta.

Ce matin nous voulûmes visiter la *Cha-pelle expiatoire.*

En nous y rendant nous entrâmes à *La Madeleine.*

La Madeleine est une des églises que je ne puis sentir. On dirait un boudoir.

Sur la façade le badigeon patriotique de
la R. F. a écrit les trois blagues :

LIBERTÉ, ÉGALITÉ, FRATERNITÉ.

A l'intérieur, sur le côté droit, se trouve
le monument élevé à la mémoire de M.
l'abbé Deguerry, curé de cette paroisse, lâ-
chement assassiné comme otage le 26 Mai
1871.

L'inscription porte ces simples mots :

« *Mort pour la foi et la justice.* »

Les républicains tuent ceux qui combattent
pour la foi et pour la justice.

Mais la foi et la justice, en retour, tuent
le pouvoir de ceux qui se font de leur au-
torité un moyen de satisfaire leurs basses et
odieuses haines.

La *Chapelle expiatoire* recouvre les restes
de Louis XVI et de Marie-Antoinette.

Elle fut érigée dans les premières années de la Restauration.

Même là, même sur ce monument, la République n'a pas eu honte d'imprimer son sceau. Ainsi que sur les murs de la Madeleine, les trois mots menteurs y sont en caractères gigantesques.

Parler de fraternité, d'égalité, de liberté, sur ces tombes !... Il est vrai que sur les montants de l'échafaud qui supportaient le couperet, au 21 janvier et au 16 octobre 1793, la devise révolutionnaire apparaissait aussi. Elle peut bien orner le cercueil, puisqu'elle ornait l'instrument du supplice.

Mais il faut avouer que ces gens sont souvent plus bêtes encore qu'ils ne sont méchants. Là, tout au moins, n'eussent-ils point dû comprendre que ce qu'ils avaient de mieux à faire était de se taire.

Les statues du Roi et de la Reine ont été placées dans la chapelle, l'une à droite, l'autre à gauche de l'autel.

En dessous de la statue du Roi, son testament a été gravé.

En dessous de la statue de la Reine, la lettre à madame Elisabeth.

Ces deux adieux sublimes des martyrs, adieux pleins de pardon et d'oubli, sont à lire en cet endroit. On y sent la foi et l'amour, on y sent cette grandeur d'âme présentement si inconnue et si méconnue. Et la honte des bourreaux s'augmente encore de cette magnanimité des victimes.

Aujourd'hui, 16 octobre 1878, il y a *quatre-vingt-cinq ans* que ce sang est tombé sur la France et sur les enfants de la France.

Quatre-vingt-cinq ans !... pas davantage.

— ... A ces taches rouges il faut plus de quatre-vingt-cinq ans pour se sécher et s'effacer.

A l'Exposition nous flânons un peu, de droite et de gauche, dans les *sections étran-*

gères, passant du Pérou dans l'empire d'Annam, de Russie en Chine, du Japon en Angleterre, d'Angleterre en Belgique.

La Belgique a des bois peints de Spa : paysages, scènes de genre, fleurs, etc.

Sur des porte-cigares, un artiste mauvais plaisant a plaqué en gros vermillon le *facies* de notre futur président, le sire Gambetta.

Même à Spa, l'on devrait réfléchir un peu avant de choisir ses sujets.

Les Belges au reste, sous ce rapport, sont dignes des Français ; et sans trop chercher, ils peuvent facilemeut trouver chez eux des Gambetta à revendre. Les drôles foisonnent à Bruxelles non moins qu'à Paris.

La Russie a exposé des malachites verts de toute beauté.

En les voyant, nous nous rappelons les autels de Saint-Paul-hors-les-murs, à Rome, dons du Czar à Pie IX pour la reconstruction de la basilique incendiée.

L'Angleterre a de la parfumerie, de la pâtisserie, de la pharmacie, de la confiserie, et du confortable au kilog : — Yes !

Voici des Bibles de toute reliure.

En revanche, à côté des Bibles, un sculpteur de Manchester a exposé toute une série d'autels et d'objets « pour le culte catholique. »

Il faudrait peu de choses aujourd'hui pour que *l'île d'Henri VIII* redevînt *l'île des saints.*

En quittant les sections étrangères pour gagner la galerie des Machines françaises, nous rencontrons un immense mausolée — marbre et bronze — autour duquel le public forme cercle.

C'est le *Tombeau du général de La Moricière.*

La Moricière, on le sait, fut un des héros,

au service de la France, de nos campagnes d'Afrique.

Ayant payé son tribut à la patrie de sa naissance il le voulut payer aussi à la patrie de sa foi.

Pie IX l'appela, il partit.

Et à Castelfidardo, comme à Constantine, sous le drapeau pontifical comme sous le drapeau français, c'est la même cause qu'il servait : — la cause de la civilisation par l'Eglise et par la France.

Le marbre l'a représenté, là, noblement couché, le front plein de sérénité, recouvert du drap mortuaire, la croix sur la poitrine.

Quatre statues sont aux angles :

LA FOI

L'ESPÉRANCE

LA CHARITÉ

LA FORCE.

Une palme, la palme du martyre, recouvre l'écusson de ses armes.

Sa devise — SPES MEA DEUS, *en Dieu tout mon espoir* — est répétée sur toutes les parties de l'ornementation.

Une double inscription indique et le but et la raison de ce monument :

ÆTERNÆ MEMORIÆ
D. JUCHAULT DE LA MORICIÈRE.

OPTIMO VIRO ET CLARISSIMO

Duci Juchault de La Moricière

AMICI, SODALES, COMILITONESQUE

HOC MONUMENTUM POSUÊRE.

A l'éternelle mémoire du général Juchault de la Moricière... ses amis, ses soldats, ses compagnons d'armes ont élevé ce monument.

Les armes de Pie IX couronnent le mausolée...

— ... Comme le dévouement à Pie IX a couronné cette belle et illustre vie.

.   .   .   .

Le surlendemain de ce jour nous quittions et l'Exposition et Paris.

Le train nous emmenait à toute vapeur.

Au sortir du mur d'enceinte que perce la voie ferrée, je voulus jeter un dernier coup d'œil sur cet ensemble qui est la capitale de la France, la cité du bruit, du mouvement et de la vie.

Mais déjà l'ensemble avait disparu et il ne me restait sous les yeux qu'un de ces cimetières qui forment, autour de la ville des plaisirs, comme les joyaux d'une immense couronne funéraire. A l'intérieur du cercle l'on rit et l'on danse, au dehors l'on dort.

« *Dormitorium, dortoir,* » disaient les premiers chrétiens, dans leur langue de foi.

Et, au centre du cimetière, je voyais la croix qui jaillissait du milieu des tombes.

La croix c'est le réveil et la vie.

La tombe surmontée de la croix, c'est l'espérance de la vie.

Ceux qui dorment là ressusciteront : — je dis leurs corps, car leurs âmes n'ont point senti la mort.

Tous ressusciteront, pour vivre, et pour vivre éternellement,

Nous avons en nous ce germe d'éternité qu'aucune force humaine ne peut détruire. Mais ce qui est en la puissance de la force humaine, c'est de modifier et la floraison et la maturité de ce germe.

Ceux qui soulevant la pierre du sépulcre auront le droit de saluer la Croix, iront au bonheur.

Ceux que le Crucifié de la Croix maudira, iront au malheur.

Quelle Exposition ! et quelle fête des récompenses ! en cette journée sur laquelle ne se couchera plus le soleil de la justice divine,

D'un côté toute l'ombre et toute la nuit.

De l'autre tout le jour et toute la lumière.

Ce sera le grand *Laudate Dominum omnes gentes* des peuples !

Et point de M. Krantz pour agencer, selon son bon plaisir républicain, la liste des dé-corés !

Heureusement.

A justitiâ Reipublicæ, libera nos, Domine.

Ernest DELLOYE.